Välähdyksiä

hetkissä

Juhana Kuure

VÄLÄHDYKSIÄ
HETKISSÄ

Kotkan kulttuuritoimi tukenut teoksen julkaisua.

Sisuksen taiton suunnittelu: Juhana Kuure
Kuvat: Eija ja Juhana Kuure

Kustantaja: BoD – Books on Demand, Helsinki, Suomi
Valmistaja: BoD – Books on Demand, Norderstedt,
Saksa

ISBN: 978-952-80-2416-3

Sisällysluettelo

III

ELETTYÄ ELÄMÄÄ

Kuva 1. Kukkia sinulle.

Maailmasi

Katson tätä typerää maailmaa.
En luoksesi jää, vaikka niin haluaisit.

Maailmasi muuttui.
Sait, mitä tahdoit.

Sinä luot omat sääntösi,
tälle maailmalle.

En kysy, en tuomitse.
Tämä on sinun maailmasi.

Onnesi

Sydämeni, sinun sydämesi
sykkivät samaan tahtiin.

Ei se mitään tarkoita.
Sielusi haluaa jotain muuta,
minun kauttani.

Oletko ostanut arvan,
joka sinulle onnen antaa.

Antaisinko se sinulle onnen, tuskin.
Vaatimuksesi on liian suuri.

Etsi onnesi,
jostain muualta.

Arpajaiset

Sielujen arpajaisissa,
voitat miehen, naisen,
rahaa kenties.

Minne kuljet,
voittosi kera.

Luotko tulevan elämän,
sen pohjalle.

Oletko onnellinen,
voittoinesi.

Minne menet,
kallis ystäväni.

Unohdatko itsesi,
vuoksi arvan.

Ravintolassa

Ravintolassa kanssani,
istut hiljaa.

Katsot iäisyyteen,
keskustelumme jälkeen.

Ajattelen,
loukkasinko sinua.

Kysyn.
Et loukkaantunut.

Ajattelin vain menneitä, vastaat.
Tähän en ollut syypää.

Silmänräpäys

Loin täydellisestä tyhjyydestä,
olemattomuudesta,
täydellisen olevaisuuden,
samalla loin sinulle ajan.

Kaikki tämä,
tapahtui sinun ajassasi
silmänräpäyksessä.
Se on aikasi yksi tuhannesosa
sekuntia.

Sama aika kuin
siimahäntä rikkoo
kalvon ja sinä saat
alkusi.

Minulle sinun aikasi
on aika lukemattomien
aikojen joukossa.

Joten käytä se aika,
jonka sait, hyvin.

Kauneus

Viimeisen viikon
katsoin kauneutta.

Et ymmärtänyt kauneuttasi,
jonka jätin kertomatta.

Halusin jotain muuta.

Anna anteeksi,
en kyennyt kertomaan
sitä sinulle.

Tule takaisin.

Naiselleni

Odotitko muuta kuin
mitä tilasit.

Saitko hyvän ihmisen,
et meetvurstia tai
silavaa.

Vain laihan
kalkkunaleikkeen.

Asetitko tilauksesi niin
korkealle Jumalalle,
että sait mitä ansaitset.

Jumala määrittelee
sinun tilauksesi
määrän ja laadun.

Mitäpä sinulla
tai minulla on
siihen sanottavaa.

Rakkauteni

Rakkauteni ei kulu
meidän riidellessämme
maitopurkin sijainnista
tai tyhjyydestä.

Ei edes siitä,
kaatavatko pienet lapsemme,
kaakaomukinsa pöydälle.

Rakkauteni ei kulu siitä, että otan
heidät kainalooni ja vien tarhaan.

Rakkauteni ei kulu siitä,
ettet lauantai-iltana
halua seksiä kanssani.

Minun rakkauteni ei kulu,
sillä olen mennyt jo
pois.

Suljettu tie

Etsit suljettua tietä.
Poistin sen elämästäni.

Haluatko luokseni enää.
Olen kulkenut jo niin
pitkän matkan.

Miksi kysyt minulta.
Olen sulkenut sen tien.

En välitä sinun toiveista
tai habituksesta.

Elä elämääsi, älä tule
luokseni pyytämään.

Tässä ja nyt

Kun katsot Kassiopeiaa,
luuletko näkeväsi minut
vai itsesi.

Kertooko se sinusta
tai minusta.

Tuskin se kertoo meistä
kummastakaan.
Se on tähdistö taivaalla,
jolle annamme liian
suuren merkityksen.

Me olemme tässä ja nyt.

Emme eilisessä,
emmekä tulevaisuudessa
vaan tässä ja nyt.

Musiikki

En tee musiikkia sinun tähtesi.
Sinä luot musiikin minun elämääni.

En osaa sitä tarpeeksi kunnioittaa.
Se on maailmani rakkaus,
saa heräämään aamuisin.

Kiitos, musiikistasi.

Askeleet

Näen yhdeksän askeleen vaikeudet.

Astut ensimmäiselle,
tietämättä tulevasta.

Toinen askel vie sinut
epämukavuusalueen ulkopuolelle.

Kolmas askel kertoo
mihin olet menossa.

Neljäs,
siitä mitä et ole.

Viides askel,
miksi haluat tulla.

Kuudes askel on se,
mitä kuvittelet.

Seitsemännessä askeleessa
näet pelkkää harmaata.

Kahdeksannessa askeleessa
luulet saavuttaneesi kaiken.

Yhdeksännessä huomaat,
että kaikki oli turhaa.

Tässä olet sinä, täydellinen sinä.
Ilman menneisyyttä tai tulevaisuutta.

Sillalla

Sanomattomuuden sillalla,
etsin sinua, itseänikin.

Huusin.

Kuinka silloin kuljin,
en tiedä itsekkään.

Luulin, että rakastit minua.
Petyin, käytit minua.

Kiitos sinulle siitä.
Löysin itseni.

Muuri

Rakkautesi luuli,
että etsisin jostain muurin.

Se mitä näen,
ei välttämättä ole totta.

Siihen muuriin törmäsin,
useamman kerran.

Se satutti,
paljon enemmän kuin tiesit.

Sen vuoksi kuljen, kierrän,
eikä loppua tälle näy.

Kaksi puuta

Katson kahta puuta, koivua rinnakkain.
Hiljaisuudessa ne kasvavat
kumpikin omillaan.

Tuulen sivellessä lehtiä,
ne värähtelevät samaan tahtiin,
ollakseen yhdessä ja erillään.

Syksyn tullessa ne varisevat,
luodakseen uuden.

Keväällä tuuli soittaa uuden riemun,
lehdissä yhteisissä.

Kaipaus

Rakkauden saapuessa,
et tiedä mitä näet.

Sinut tunsin, mutta menetin.
Palaa, kaipaukseni luokse.

Aavassa meren aallokossa,
harmaudessa, kerroit sen minulle.

Se meri ei anna minulle rauhaa.
Miksi, kysyn aina itseltäni.

Miksi.

Valitsit tiesi.
Annoit minun jäädä.

Polku

Tänään kuljen polkua, mitä en valinnut.
Huomenna tieni on toinen, valittu.

Toivottavasti se on juuri sitä,
mitä haluan.

Hiljaisuus kertoo sen minulle,
haluanko.

Olenko typerys,
joka ei tiedä mitä haluaa.

Missä on minun haluni.
Oletko sinä tai te,
painaneet sen lokaan.

Ettekö te huomanneet,
että tämä on minun elämäni.

Ei teidän.

Rakastan, jos enää tiedän,
mitä rakkaus on.

Jätän sen huomiselle.

Ruusun piikit

Kuinka saatoit, minun
kulkuani kyseenalaistaa.

Kuvittelitko,
että omistaisin sinulle kirjoitukseni.

Luulitko,
että olisin henkisesti
riippuvainen sinusta.

Rakkautesi oli kuin ruusujen
pistävät piikit.
Kivut, jotka sain.

Ruusun piikit,
pettymyksen kyyneliä.

Riitänkö

Vaimoni halusi, että
loisin hänelle rakkausrunon.

Enkö enää riitä,
rakkausrunona.

Olen hänet avioon saattanut.
Pitäisikö minun rakkauteni
tunnustaa joka päivä.

Totta kai pitäisi.
Suudella, muistuttaa,
että hän on minulle tärkeä.

Suudella myös pahoina hetkinä,
silloinkin kun hän ei rakasta minua.

Taakkasi

Katkeran suloinen tuuli hyväili kasvojasi.
Katsoin vain vierestä.

Tähänkään tuuleen,
en ollut syypää.

Yritin ymmärtää,
sinun taakkaasi.

Pyrit keventämään sitä,
jakamalla sen kanssani.

Taakkasi on liian suuri jopa minulle.
Saat sen itse kantaa.

Autan sinua, kun horjahdat.
Nostan sinut pystyyn, jos kaadut.

Astelen kanssasi,
loppuun asti.

Neljä elementtiä

Kun katsot maailmaa ajatuksen silmin.
Näet, ajatusten maailman.
Ilman.

Kun katsot maailmaa kehon silmin.
Näet, himojen maailman.
Maan.

Kun katsot maailmaa aivojen silmin.
Näet ymmärryksen maailman.
Veden.

Kun katsot maailmaa sydämen silmin.
Näet palavan liekin.
Tuli.

Kun katsot maailmaa totuuden silmin.
Näet tyhjyyden ja täyteyden.

Olet vapaa.

Kuva 2. Ystävyytemme merkki.

Viisi ruusua

Tämä on tarina kukkien symboliikasta,
tässä tapauksessa ruusujen.

Eivät nämä arvioni ole totuus.
Minulle ne antavat viitteitä.

Yksi ruusu on
ystävyytemme merkki.

Kaksi ruusua ovat
ystävyytemme loppu.

Kolme ruusua, esittelen
sinut vanhemmilleni ja
haluan, että liityt
perheeseeni.

Neljä ruusua, olemme
tulleet tilanteeseen,
missä meidän täytyy miettiä
itseämme ja halujamme.

Viisi ruusua, jos olemme
edellisistä selvinneet,
meillä on hyvä vanhuus
edessä.

MAAILMALLA

Kuva 3. Suru uhatusta vapaudesta on yhteinen.

Surun yli

Ei kulje maailmani
surusi yli.

En voi sitä koskaan
saavuttaa, sinun suruasi.

Kävelen surusi ylitse.
Antaako se sinulle armon.

Kohtaako sieluni
armosi.

Tuskin tiedät, mistä on kyse.
Ehkä huomenna, ehkä.

Tiedät huomenna,
tiedät.

Sydän

Jos ajattelet puhtaan
sydämen sykettä,
kaunista, lihasten työtä.

Sinun sydämesi ei ole kaunis.
Se on surkastunut lihas,
joka pyrkii happea saadakseen
löytämään uusia kanavia.

Sinä, turha diktaattori.

Matkamme

Auringonlaskun tehdessä valon virtaa
sillalle, katson alas tummaan veteen.

Olit hetken rinnallani, ystäväni.
Muistan laulusi, iloisuutesi, hymysi.

Matkamme jatkuu yhdessä,
vaikka olet muuttanut.

En voi muuttaa perässäsi,
en vielä.

Tulen. Tiedän,
että odotat minua.

Kyyneleet

Sadan vuoden jälkeen etsin
itseäni tai sinua.

Sinun valkopukuinen kauneutesi
lumosi minut.

Kadotin sinut arjen harmauteen.
Menit pois, etkä palannut.

Sinusta iltaiset kyyneleet tulevat.
Toivoisin löytäväni sinut uudestaan.

Oma polkuni

Minä kuljen erillistä tietäni.
Sinä ohjaat minua johonkin suuntaan.

En, en kulje siihen suuntaan,
mihin sinä haluat.

Astelen omaa polkuani,
sinun, setäsi, isäni tie ei ole
minun.

Haluan kulkea eri polkua.

Maailmani ei ole sotaa täynnä.
Haluan rakastaa Juliaa,
vaaleatukkaista.

En halua, että sinä, setäsi, isäni
määrittelette minun elämäni.

Kaksi tornia

Lukiessani historiaa,
muistan kaksi voimakasta,
kansan johtajaa.

Pitäisikö sanoa diktaattoria.
Molemmat muistivat,
tappaa omaa kansaansa,
menestyksellä.

Mitä opimme ihmiskuntana.
Emme mitään, sama jatkuu.

Veljeni

Minun luokseni
lapsesi juoksevat
ilman paitaa, housuja.

En tiedä miksi tieni tänne toi.
En halua satuttaa sinua veljeni.

Minut määrättiin tekemään se.

Anteeksi.

Vapauttajat

Korulauseessa minulle kerrottiin,
että olemme vapauttamassa
Ukrainan natseista.

Jos tarkkaan katsoo,
natsit olemme me.

Ukrainan vapauttajat.

Ymmärrys

Askeleesi kaikuivat tyhjillä käytävillä.
Olin kuin en olisi ollutkaan.

Minun maailmani tuska oli erilainen.
Pääsit lähelle.

Et voinut sitä kokonaan ymmärtää.
Kiitos, että yritit.

Sielun kiitos

Voitko luottaa siihen, että menestyt.
Ei se kaikkea anna.

Tunnet hiljaisen kaipuun.
Uskosi on luja kuin Pietarin kirkon kaaret.

Sielusi kulkee opittuja polkuja.
Anna sille vapaus, vaikka se koskeekin.

Sielusi kiittää sinua.

Sielun tuska

En minä sielusi tuskaa nähdä voi,
se on jossain muualla.
Joudut sen itse kantamaan.

Ei ole minulla valtikkaa,
jolla taikoisin haavat pois.

Isäsi loi sen illuusion sinulle.
Ei se johtanut mihinkään.

Nyt sillalla seistessäsi,
joudut tätä miettimään.

Antaako se hyppy sinulle
rauhan.

Tiedätkö, sinun hyppysi
aiheuttaa surun toisille.

Kuva 4. ...ja haaveet raunioituu...

Haave

Sieluni, jälleen kerran,
kertoi minulle
valkoisesta hallista,
uima-altaineen.

Voisin uida lämpöisessä
vedessä.
Nauttisin siitä, kuin lapsi,
äidin kohdussa.

Se oli haaveeni.
Tiedät, miten kävi.

Se ohjus tappoi minut,
lapseni, haaveeni.

AURINKORANNIKOLLA

Kuva 5. Palmuja Fuengirolassa.

Tauskilassa

Etsin itseäni.
Sinut löysin sattuman kautta.

Oli minulla ravintola.
Sinulla myös.

Rakastuin sinuun.
En tiennyt minne
tiemme vie.

Täällä olen ja
rakastan sinua.

Baarissa

En paikasta voi valittaa.
Itse sen valitsin.

Humalaiset suomalaiset,
niin kuin itsekin.
Etsin seuraa, itseäni.

Juomme, laulamme,
tanssimme kuin huomisesta
ei olisi väliä.

Tosin olemme jo ehtoon puolella.
Kuolema korjaa meistä osan
ennen kuin huomaammekaan.

Tervetuloa,
Suomen eteläisimpään
vanhainkotiin.

Lapuan mies

Näin miehen Lapualta.
Ei sinulla ole kultaa, ei rautaa.

Silti annat osaamisesi
sitä tarvitseville.

Et etsi mainetta, kunniaa.
Annat sen mitä voit.

Puhtaalla sydämellä.

Toinen mies

Sinun vahvat kätesi,
annat turvaa niin monelle.

Pelkään, että jäät yksin.
Sinun turvalliset kätesi
eivät tavoita mitä haluat.

Olen pahoillani, että
kirjoitan näin.
Toivoisin, että asiat
olisivat toisin.

Nainen Pohjanmaalta

Katseesi, unelmasi näin.
Ei se ollut sitä mitä sait.

Unelmasi kantaa kuitenkin
pidemmälle, kunhan jatkat
samaa tietä.

Saat sen mitä haluat.

Toinen nainen

Ei ole olemassa puuta,
ei kissaa.

Ei toinen nainen sinua uhkaa.
Se rikastuttaa sinun elämääsi.

Ei ole olemassa puuta
ei kissaa.

Minun kissani on jo
juossut pois.

Haluaisin, että edes pieni
naukaisu, kehräyksen
ääni kuuluisi, pieni yninä,
selkäsi takaa.

Esteponassa

Katuja Esteponan
astellessa ikuisuuden
tuulen näin.

Punaiset, siniset,
keltaiset ruusut
vastaan tuli.

Pienet kiven mukulat
jalkojeni alla johdattivat
minut kardinaalin kirkolle.

Istuin hetken kahvilassa,
sinisessä.
Tiesin, että jälkeeni
tulee muita.

Ostinko rakkautta

Kanssasi kahden,
kaduilla Sevillan.

Ostinko rakkautta silloin.

Sinun lämpösi vuoteessani,
oli kylmää kuin jää.

En tuonut sinua
rakkauden tähden.

Poistuit.
Älä tule takaisin.

Karanneet

Hiljaisuuteni rajoittaa sinun rakkautta.
Kuvittelet, se on loukkaus sinua kohtaan.
Päin vastoin. Hiljaisuuteni,
on kunnioitusta sinua kohtaan.

En huuda, en raivoa omaa totuuttani.
Kunnioitan sinua omassa mielipiteessäsi.
Annan sinun olla, huoahdan hetken.
Yritän ymmärtää sinua.

Ikkunasta näen saariston.
Kuuntelen sinun huutoasi.
En tiennyt, että täällä,
maailma pysähtyy ulkona.

Toivoin, että kun toin
sinut katsomaan saaristoa,
ymmärtäisit lateksikynsien
merkityksen.

Minulle saariston meri tyrskyineen
ja tuulineen.
Sinulle lateksikynnet,
selfiet ja what ever.

Tyttäreni,
olemme karanneet toisiltamme.

Hyppy

20-kerroksen hypyn jälkeen,
tiesin mistä on kysymys.
Tämä ajatus on kopio
elävästä elämästä.

Vapaa pudotus,
sillä hetkellä kun hyppäsin,
tiesin, tämänkin taas tein.

En tiennyt, että tästäkin hypystä
jään kertomaan.

Kuolema tulee, kun sen aika on,
20-kerroksen jälkeen.

Minulle ei.

Pois

Jos betoniseinät olisivat kertoneet
sen minulle,
en olisi ikinä ottanut sitä,
huumeruiskua itselleni.

Eivät kertoneet,
että joudun maksamaan
itselläni, sinunkin olosi.

Kiitos, tämän viimeisen piikin,
pääsin pois.

Fuge

Huusin kahdeksaa kuuta
pelastamaan maailmani.

Olitko se sinä, kuuni,
ajoit Ferrarilla.

Saavuit kuin ritari,
valkealla ratsulla.

En enää herännyt,
piikki suonessani.

Suru

Suru elämäsi yli pyyhkii.
Odotatko uutta rakkautta.

Oletko valitsemassa sokeasti
vai tarraudutko ensimmäiseen
korteen.

Oikea

Luulin kulkevani tietä selkeää.
Tämä baari ei ollut se oikea.

Oikean baarin löydän kotoa,
sylistä rakkauden.

Paseo Martimo

Kahden kesken täällä baarissa,
kuiskaat, haluan sinut.
Näemmekö Paseo Martimolla.

Jatkoin matkaani, tunsin itkien,
oletko sinä se viimeinen
oikea minulle.

Jatkoin matkaani,
Paseo Martimoa pitkin.

Punaiset lehdet

*Punaisten lehtien alla
haluaisin uskoa,
että ne punaiset lehdet
olisivat kirsikan kukkia.*

*Ne kuvaavat minulle haaveita,
kun elän pallossa, jossa yläpääni on
hyvin ja alapääni ei.*

*Kuljen tämän elämän
kanssasi sinun.*

Valhe

Ostin sinun elämäsi.

En muista,
miksi sen tein.

Sinun kätesi lämpö
jäi minun keholleni.

Valheesi ei antanut
minulle vaihtoehtoa.

Kuvittelin, että
rakastin sinua.

Anteeksi.

Karma

Menneisyyden näyttäessä
minulle karman siltaa,
kultaisen sillan yli
astunut olen.

Sinun puutarhasi,
ei kuulunut minulle.

Katsoin kun ratsastit,
arabian hevosilla, ylhäisillä.

Kavioittesi alle jäin.

Oletko se sinä

Aamulla eri ihmisen kohtasin.
Et ollut sitä, mihinkä
kiinni jäin.

Kuvittelin, annoin uskoa,
että sinä olisit se.

Miksi luotan itseeni
tai sinuun.

Olisitko luonani
kun kerron totuuden.

Kaksi lastani kaipaavat isää.
Minä, miestä rinnalleni.

Olisitko se sinä,
Fuengirolassa.

Valssi

Kahdeksas pöytä
oli minun pöytäni.

Istuit siihen kutsumatta.
Loit minulle mielikuvan
vanhasta.

Tanssimme valssin.
Läksimme suloiseen
yöhön.

Väärä kuva

En löydä sinua enää mistään.

Miksi jätit minulle
vain tyhjyyden tunteen.

Katosit elämästäni
kertomatta minne menet.

Sinun kertomuksesi
antoi minulle väärän kuvan.

Sinä nuori nainen.
Minä vanha mies,
joka luuli nähneensä kaiken.

Lankesin loveen.
Annoin sinun viedä
kuin pässiä narussa.

Putsasit lompakkoni.

Mielikuva

Katselin rintoja puolipaljaita.
Ihmettelin, haluatko
luoda minulle mielikuvan,
että haluan sinua.

Olet myöhässä.

Haluatko tuoda julki,
että olet saatavissa, vaikka
et tiedä mitä itse haluat.

Aamulla

Heräsin aamulla vierestä sinun.
En tiennyt olinko Fuengirolassa
vai Torremolinoksessa.

Taisi mennä ilta pitkäksi minulle.
Huomenna tai tänään
saan säälisi.

Sääliä saa aina.
Kateus on ansaittava, siihen
en kykene.

Joudun siis
tyytymään sääliisi.

Odotan

Kiirehtiessäsi kohti huomista,
unohtanet eilisen.

Naisesi valitsi toisen polun.

Mitä sinä teet.
Ryyppäät, tahdot uuden maailman.

Odotan sinun sieluasi
minun kirstuuni ja nauran.

Sinisissä vesissä

Silmäsi luovat rakkauden,
sinisissä vesissä.

Et osta, et kysy hintaa,
sinisissä vesissä.

Kauas kaipuusi luo,
kalkkimaalatut talot.

Sinisissä vesissä,
kalkituissa taloissa.

Puutarhassasi palmu kasvaa,
kalkittuun veteen sinä uinut.

Miksi.

Kuva 6. Illan viimeinen viini.

Viimeinen viini

Viimeisen viinin jälkeen
istumaan jäin.

Yritin sanoa sinulle,
että jään baariin ja luoksesi.

Menit pois.
Et ymmärtänyt humalasi takia.

Jäin istumaan.